허공에 한 발 지상에 한 발

김제현 시조집

허공에 한 발 지상에 한 발

초당시초 99

고요아침

| 시인의 말 |

  오랫동안 망설였다. 책을 낼 명분이 없기 때문이었다. 그러나 퇴고가 잦고 폐지가 늘어나 한 번쯤 정리할 필요는 있었다. 하여, 신작, 개작, 기존작 중 독자들의 눈높이에 가까운 작품을 찾아 '초당시초初堂詩抄 : 허공에 한 발 지상에 한 발'이라는 표제로 묶었다.

  전체 목록은 7부로 엮었으나, 최근작과 7부 해설을 제외하면 배열상의 편의에 따른 것일 뿐 특별한 의미는 없다. 대체로 존재와 생명에 대한 물음을 통해 탐색해 본 삶의 의미와 곡절들을 3장 6구의 형식 즉 구수율句數律을 기준으로 하여 표현해 온 시조들이다.

  나름대로 전통 시로서의 시조의 미학적 추구와 현대화에도 많은 노력을 기울였으나 별 성과를 거두지 못한 것 같다. 안타깝다. 그러나 어찌하겠는가 공부가 모자라 그런 것을…

  여기까지 온 것만으로도 다행으로 여기며 이로써 대략의 낙수落穗는 거둔 것으로 보고 그동안 격려해주신 분들의 고마움과 책을 만들어 준 이지엽 교수와 김남규 편집장에게 감사를 드린다.

2024년 1월
김제현 절

| 차례 |

시인의 말　　　　　　　　　　05

1. 풍경風磬

서시	13
돌	14
바위섬	15
바람	16
풍경風磬	17
가을 산길	18
무위無爲	19
무제無題	20
달팽이	21
시간·1	22
시간·2	23
어제표	24
메주	25
산, 귀를 닫다	26
외항外港에서	27
소재·1	28
소재·6	29

2. 우물 안 개구리

생리生利를 찾아서 33
법과 도덕 34
거짓말 35
보이지 않아라 36
우물 안 개구리 37
조개구이집에서 38
빈 공사장에서 39
안내방송 40
광장 41
산번지山番地 42
커피 처방전 43
건강검진 44
바둑 이야기 45
정년기停年期 46
8월의 감상感傷 47
고지高地 48
강원랜드 50

3. 가을전언傳言

한천寒天 53
패각貝殼 54
목월운木月韻 55
소멸消滅 56

누드NUDE	57
순명順命	58
표정	59
사투리	60
겨울 아침	61
봄비	62
연적硯滴	63
가을 전언傳言	64
여일餘日	65
월광곡月光曲	66
춘설난분분春雪乱粉粉	67
가을비	68

4. 지는 꽃

새가 되어 날다	71
도라지꽃	72
산국화山菊花	73
하루살이꽃	74
지는 꽃	75
개씀바귀꽃	76
미스킴 라일락	77
독초毒草	78
잡초	79
감나무 추억	80
나행목裸杏木	81

상수리나무 82
고로쇠나무 83
난지도에서 84
나무는 85
기도 86

5. 몸에게

땅의 길 89
보행步行 90
마지막 선행善行 91
해질녘 92
몸에게 93
달인達人의 말 94
설교說敎 95
나의 몫 96
그물 97
한세상 사는 법을 어디 가서 배우랴 98
음치音癡의 노래 99
무상 100
산사행山寺行 101
우일雨日 102
어머님 눈물 103
만물의 영장 104
가을 일기 106

6. 누가 뭐라고 해도

말뚝	109
전통 트롯을 듣다	110
어느 낙천주의자의 변辨	111
삿갓논	112
데생	113
그리운 인생이거라	114
남자와 여자	115
넋두리	116
누가 뭐라고 해도	117
내일	118
배웅	119
세상은	120
무명시절無名時節	121
여름밤에	122
자각	123
엽서	124

7. 해설

전통과 개인의 결합/박철희	127
시조 미학을 통한 존재론적 근원의 탐구/유성호	147
약력	164
연구서지	167

1.
풍경風磬

서시
― 미완未完의 시

완성이란 없습니다
여기까지가 전부입니다

시 한 줄 절절히
하늘에 닿는다 해도

거긴들 아쉬움이 없겠습니까
미완의 인생 한 편

돌

나는 불이었다 그리움이었다
구름에 싸여 어둠을 떠돌다가
바람을 만나 예까지 와
한 조각 돌이 되었다

천둥 비바람에 깨지고 부서지면서도
아얏, 소리 한 번 지르지 못하는 것은
아직도 견뎌야 할 목숨이
남아 있음에서라

사람들이 와 '절망을 말하면' 절망이 되고
'소망을 말하면' 또 소망이 되지만
억 년을 엎드려도 들을 수 없는
땅의 소리 하늘 소리

바위섬

천년 바람 속 난파하는 바다를 안고

바위는 목이 마르다

젖은 날개를 말리던 작은 새 한 마리

먼바다 깊이를 휘저어 가고

바위는 옆구리 터진 살에

석탄을 기른다

바람

바람은 처음부터
세상에 뜻이 없어

이날토록 빈 하늘만
떠돌아 다니지만

눈 속의 매화 한 송이
바람 먹고 벙근다

매이지 말라 매이지 말라
무시로 깨워 주던

포장집 소주 맛 같은
아, 한국의 겨울바람

조금은 안 됐다는 듯
꽃잎 하나 떨구고 간다

풍경 風磬

뎅그렁 바람 따라
풍경이 웁니다

그것은 우리가 들을 수 있는 소리일 뿐

아무도 그 마음속 깊은
적막은 알지 못합니다

만등卍燈이 꺼진 산에
풍경이 웁니다

비어서 오히려 넘치는 무상의 별빛

아, 쇠도 혼자서 우는
아픔이 있나 봅니다

가을 산길

"여기가 아닌가 보다"
이 산이 아닌가 보다

중얼거리던 하늘다람쥐
어디론가 사라지고

누군가 부르는 것만 같은
가을 산을 오른다

온 가을을 다 뒤져도
찾을 수 없는 이름이여

언제나 네 모습
찾게 될지, 찾기는 할지

다람쥐 한 마리 갸웃거리다
씨익 웃고 사라진다

무위 無爲

비가 온다
오기로니

바람이 분다
불기로니

지상은 비바람에
젖는 날이 많지만

언젠간 개이리란다
그러나 개이느니

무제無題

산은 우뚝하고
골짜기로 물이 흐르는

절로 난 흐름의 길가
꽃들은 피어서

바쁘게 몸을 추스르는
이것을 무엇이라 하랴

시냇물 제 혼자
소리 내어 흐르고

나뭇잎 하나 달빛 싣고
흔들리며 가느니

이것을 무엇이라 하랴
먼 산 뻐꾸기 운다

달팽이

경운기가 투덜대며
지나가는 길섶

시속 6m의 속력으로
달팽이가 달려가고 있다

천만 년 전에 상륙하여
예까지 온 것이다

어디로 가는지
가야 하는지 알 수 없는 길을

민달팽이 한 마리
쉼 없이 가고 있다

조금도 서두름 없이
전속으로 달리고 있다

시간 · 1

아침에 피어나서 하루 만에 지는 꽃을
한 달의 섭리를 어찌 알기 바라는가
또 어찌 봄 가을 변화 물어볼 수 있겠는가

오지도 가지도 않은 그 무엇에 덜미를 잡혀
형체도 안 보이는 나이테를 그려가는
오늘도 그 자리 그대로 가득하다 텅 비는

차라리 머뭇대다 놓쳐버린 어제를
선명한 발자국을 더듬더듬 찾아간다
내일이 보이는 길을 또 어디서 만날까

시간 · 2

시간은 말이 없다
보이지도 않는다

시간은 오지도 않고
가지도 않는다

언제나 그 자리에 그대로
가득 차 있고
텅 비어 있다

어제표

바람만 서물거린다
밤에 실려 온 간이역구

숱하게 허송해 버린
통로를 나오는

진하게 타다 무안한
눈 뜨는 나의 성숙

드러난 팔꿈치
더불어 온 그리매와

어슬녘 바람 속에
던져 버린 어제표

한천에 머리칼 날리며
긴 뚝길을 걷는다

메주

한국의 여인들이
푹푹 속을 썩히고 있다

못 생겨서 못 생겨서
그런 것은 아니다

오롯한 그 장醬 맛 하나
우려내려 함이다

시렁에 매달리어
바람 쐬는 메주들

트는 살 살 속 깊이
파고 도는 푸른 날빛

얼마를 더 삭이어야
다 떴다 이를 건가

산, 귀를 닫다

보내지 않아도
갈 사람은 가고

기다리지 않아도
올 사람은 오느니

때 없이 서성거리던 일
부질없음을 알겠네

산은 귀를 닫고
말문 또한 닫은 강가

느끼매 바람 소리
서걱이는 갈대 소리 뿐

한종일 마음 한 벌 벗고자
귀를 닫고 서 있네

외항外港에서

빛바랜 배 한 척이
외항에 떠 있다

더는 실을 것도
부릴 것도 없는

화물선 비인 무게가
물살에 밀리운다

바람에 펄럭이는
위도 없는 해도海圖의

다만 깊다 하고
아득타 할 뿐인

바다여 나는 향해는
흐름인가 떠돎인가

소재 · 1
— 종이배

그저 먼 바다가 그리운
해변의 아이들은

바다에 길이 있는지
없는지도 모르면서

물가에 온 물살 따라
종이배를 띄웠다

햇볕만 잔뜩 싣고 떠난
내 유년의 배 한 척

지금은 어느 바다에
출렁이고 있을까

그러나 그 키를 부림은
이미 내가 아니어라

소재 · 6
― 겉장

공책 알갱이는
어느덧 다 찢겨 나가고

열심히 띄운 배도 학도
안 보인지 오래여라

빳빳한 성깔만 남아
닳고 삭고 있어라

2.

우물 안 개구리

생리生利를 찾아서
― 「완역 정본 택리지擇里志」를 읽다

어디서 살아야 하나 생리* 찾아 가는 길
먹물 든 선비들 패거리 져 싸우고
백성들 빈부로 갈려 몸 붙일 곳이 없구나

믿지마라 탕평蕩平의 입발림 소리
가난한 저잣거리에 예禮가 어찌 선단 말이냐
강산은 아름다우나 살만한 곳이 없구나

* 생명의 위협을 받지 않는 살기 좋은 주거지.

법과 도덕

법 없이 살던 사람들
법 없인 살 수 없고

백성들 다툼 없이
편안케 살 법, 법, 법

그 법들 죄를 낳고 벌을 낳아
죄굴형이 되었네

은행잎 한 잎 따다
수신책에 곱게 꽂고

효孝다 충忠이다
엎드린 동방예의지국

인류여 법이 있어 도덕이 있어
행복한 적이 있던가

거짓말

거짓말도 가만히 들어 보면
재미가 있다 사연이 있다

여자는 거짓말로 참말을 하고
남자는 참말로 거짓말을 한다

헛말도 헤아려 듣는 나의 귀
난청이 고맙다

보이지 않아라

보이지 않아라
바라볼수록 보이지 않아라

하늘과 땅 아득하여
보이지 않아라

가까이 다가갈수록
사람들 보이지 않아라

우물 안 개구리

암녹색 무당개구리
우물 안에서 산다

바깥세상 나가 봐야
패대기쳐져 죽을 목숨

온전히 보전키 위해
우물 안에서 산다

짝짓고 알슬기에
깊고 넉넉한 공간

이따금 두레박 소리에
잠을 설치고

별들의 전갈을 기다리며
눈이 붓도록 운다

조개구이집에서

도무지 의중을 드러내지 않을 것 같던
왕조개가 입을 연다
입술을 불어댄다
새침을 떼고 있던 각시조개가
슬쩍 몸을 뒤튼다

숯불에 누워 살집의 어둠을 태우는 조개들
이길 수 없는 입질에
속살을 드러낸다
에잇다, 모르겠다 벗어 던지는
저 단단한 정조

빈 공사장에서

잡석들이 길가에 모여 투덜대고 있습니다

집이 되고 길이 될 묘안을 찾다가

밤이면 저들끼리 몸 부벼 온기를 나눕니다

옷이란 옷 다 벗고 살이란 살 다 벗고

부서질 대로 다 부서진 저 하얀 생각의 조각들

느끼매 가벼워진 몸을 바람 위로 눕힙니다

안내방송

안전하게 가시려거든
한 발짝 물러서십시오

"열차가 도착하고 있습니다 승객 여러분께서는 안전선 안으로 한 걸음 물러나 주시기 바랍니다."

어디들 가시느라고
그렇게 서두르십니까

광장

촛불도 꺼지고
각목들도 잠든 광장

이따금 낙엽들만
바람에 쓸려 간다

아무도 없는 공터의 고요가
오히려 두렵다

산번지 山番地

질펀한 노을 앞에 허무히 주저앉아

흉흉한 일상의 등피燈皮를 닦는 산번지

산 너머 시간 속에서 마른 바람이 인다

바위산 기슭에 올라 아무리 외쳐 보아도

메아리도 지지 않는 삭막한 산번지

어느덧 산도 다 저물고 바람 소리만 가득하다

커피 처방전

술 권하던 시대는 가고
커피 볶는 사회가 왔네

쓰고 고소한 향기 속에
사라진 다갈색 커피 처방전

우울증 한 컵씩을 들고
젊은이들이 가고 있네

* 17세기 서양에서는 의사의 처방전이 있어야 커피를 살 수 있었다고 한다. 커피는 우울증 치료약이었다.

건강검진

건강검진표를 들고
검사실을 돌았다

키 164cm
체중 62kg

해마다 몸 치수는 줄고
어두워 가는 눈과 귀

늘 궁금턴 영혼의
무게를 달아 본다

아무런 숫자도
떠오르지 않는다

아마도 내 머릿속엔
영혼이 없나 보다

바둑 이야기

지난 겨울 방학은
수담手談으로 다 보냈다

5급 강의 기력棋力
기막힌 회돌이 맛이여

그러나 '묘수는 위기危機 때 나오는 것'
'세 번이면 진다'

상대에게 좋은 자리를 주어야
나도 좋은 자리에 둘 수 있는 이치를

비로소 깨닫느니
이 또한 기력棋歷의 묘妙인가

반상에 돌 떨어지는 소리
아직도 들리지 않네

정년기 停年期

세상이 나의 부실을
어떻게 알았는지

이마쯤 머물라 한다
쉬엄쉬엄 가라 한다

가쁘게 달려 온 것이
잘못이었나 보다

8월의 감상感傷
― 진도 아리랑

진도라 아리랑은
노래가 아니어라

아리아리 스리스리
한 삭이는 소리

만주로 실려 가던 학병들
목탄차木炭車의 통곡이여

안개에 묻혀 연기에 가려
별도 뜨지 않던 청천 하늘

눈물이 눈물을 씻어
강물이 뚝을 넘도록

그 가슴 씻어 내느라
이리 비가 오나 보다

고지高地

줄줄이 뻗힌 산맥山脈
침묵沈默에 잠겨 있고
고난苦難의 세월歲月을 겪어
타다 남은 고지에서
오늘도 외로운 조국祖國은
방황彷徨하고 있는가

북쪽 하늘 매운 바람
감겨드는 이 아픔에
노여워 입술 물고
총구銃口를 매만지면
숨 가쁜 가슴에 지는
푸른 꽃잎 하나… 둘…

간밤에 내린 눈이
철모鐵帽 위에 쌓였구나
탑塔처럼 우뚝 서서
별을 헤는 까만 눈에

새벽빛 맑은 신명神明이
눈부시게 퍼온다

* 조선일보 1960. 1. 1.

강원랜드
― 폐광촌에서

따스한 도시락 온기를 끼고 가던 사람들
뿔뿔이 혹은 홀홀히 도회로 떠나고
헌 구두 몇 짝 석탄 차 곁에서
가을비에 젖고 있다

불빛 불빛 따라 찾아 든 산속의 오지
눈부신 객장 안을 초점 없이 도는 눈, 눈, 눈
앞앞이 보이지 않는 갱도
여기는 삶의 막장

3.
가을전언傳言

한천 寒天

하늘 먼
이승 길
어둠 속 눈물

텅 빈
이 들녘
달빛 서리에 차

끼르륵
어느 마을을 찾는가
외기러기
실울음

패각 貝殼

먼 들 끝 파도에 얹힌
작은 방은 비었다

깊고 오랜 날을
추운 귀는 잠 못 들고

영원을 돌앉은 정물
등 뒤로 환한 달빛

목월운 木月韻

목월의 달이 떴다
높이 청과일 같은 달

세상에는 뜻이 없어
달빛만 밟고 가던

고무신 벗어 놓은 자리
꽃대궁 맑은 향기

소멸消滅

고궁을 거닐다
문득
일으킨 갈증

한 모금 해갈의
담배에 불을 붙이면

등 뒤로 사라지는 보랏빛
아, 목월의
연기

누드 NUDE

벌거숭아 벌거숭아
어여쁜 벌거숭아

숨김도 거짓도 없어
부끄럼도 모르는

눈부신 네 순색의 살빛
본래의 자유를 본다

순명順命

위장의 눈망울을 굴리며
숨어 있던 숫사마귀

무언가 각오를 한 듯
덥석 암컷을 껴안는다

절정쯤 이르렀을까
잡아 먹히고 마는 수컷의
순명

표정

꽃은 왜 피었다 지고
가을은 어디로 가는가

계절을 타는 사람들
쏟아져 나온 삼거리

얼굴은 보이지 않고
표정들만 지나간다

사투리

산에 사는 새는
산소리로 운다

물에 사는 새는
물소리로 운다

전라도 새는 전라도
사투리로 운다

겨울 아침

밤새 눈이 내렸다
하얀 말뚝의 적막

발목까지 빠지는
아침을 나서면

고라니 헤집고 간 눈밭
어지러운 발자국

봄비

봄비가 촉촉이 밭고랑을 적시고 있다

봄이 와도 싹이 트지 않는 내 안의 들판

무엇을 심을 것인가

가뭇없는 이 삽질

연적硯滴

복숭아 연적의 아랫도리가 찢겨져 있다

무딘 칼끝이 거칠게 지나간 끝끝에

도공의 늙은 총각 도공의 한숨이 서려 있다

가을 전언傳言

단풍이 하도 고와
휴대폰을 엽니다

버튼을 눌러보지만
아무런 응답이 없습니다

공연히 무안해진 마음의
휴대폰을 닫습니다

여일餘日

그리하여
모든 것은 지나가고
남은 자리

잔잔한 감동이
수묵水墨 속에 번지고

한 소절 비가 내렸다
눈부신 목련의 오후

월광곡 月光曲
― 강강술래

우리 어매 처녀 적의 얼굴을 하고 보름달
상사相思 심장을 치는 앙가슴은 한결인 걸
후미진 뒤안 사랑*에는 머슴아들 건주정이

달빛 달빛 따라 메아리는 푸른 해일
청사초롱 꽃불 켜든 남도의 큰 애기들
목 뽑아 강강수울래 부끄럼도 잊었는가

년년 천길 보룻고개 넘다 잘룩진 저 허리
돌아라 모두 잊고 유역流域의 푸른 달밤
목청껏 강강수울래 세편** 산에 송편달

* 사랑방의 준말.
** 세편 : 서필의 전라도 사투리.

춘설난분분 春雪乱粉粉

어느 산장에도 눈이 내리고 있을까

멀리서 왔다가 만나지도 못한 사람들이 헤어지고 있다 어디로 가는지도 모르는 착의 뒷자리에 앉아 한 사람 두 사람 떠나보내고 혼자서 흔들리며 가는 서글픈 평안이여

자, 그럼 하고 내민 손이 눈보라 속에 묻힌다

가을비

그렇게도 외로워하더니
가을이 가나 보다

가랑잎에 비릿비릿
가을비 내린다

이 비가 그치면 추워지겠지
온 산에 찬비 내린다

4.

지는 꽃

새가 되어 날다

어디로 떨어져야 할지 몰라 매달려 있던

나뭇잎 하나, 그렇게도 바람에 부대끼더니

포로롱 하늘을 난다

새가 되어 난다

도라지꽃

뿔 여린 사슴의 무리
신화같이 살아 온 산

서그럭 흔들리던
몸을 다시 가눈 곳에

이 고장 마음 색 띄고
도라지꽃 피는가

신음과 기도 위로
선지피 뚝뚝 듣던 산

이대로 이울고 말
입상立像인가 말이 없이

먼 하늘 머리에 이고
도라지꽃 피었다

산국화 山菊花

일몰의 물살이 듣다
해체의 가슴 밑창을

방금도 서로의 상념이
곤두지는 벼랑에는

나어린 새들 깃을 뽑아
방석을 짠다

바람 바람 속으로
손 흔들고 사라지는 꽃

네 입술 엷은 웃음은
눈물 크렁한 완수 完遂

가난한 시인은 연신
탁한 세대의 손을 꼰다

하루살이꽃
― 일명 채송화

채송화 한나절이
밤이슬에 씻기운다

풀 한 포기 제대로
살 수 없는 박토의

햇살 속 일만 근심을
사르던 꽃이여

지상을 벗어나는 너
홀가분함이여

영원도 한나절도
그 길이는 같은 것

사람들 치수에 따라
다만 서운할 뿐이다

지는 꽃

춥고 가난스런
바람 손을 놓고

한 잎 한 잎
어제의
꽃잎이 떨어진다

진실한 빛깔로 타던
그 하늘은 지금 침묵

한 모금 물 찾던 눈 감기고
너무나 조용한 지상

무수히 내려 쌓이는
멀어져 간 전설은

고독이 띄우는 아픈
웃음의 음성이었다

개씀바귀꽃

햇살 깊은 염전 가에
씀바귀꽃 피었다

염분을 먹고 염분을 먹고
온몸을 사루는 꽃

노오란 햇무리 이고
웃음 한 점 띄웠다

미스킴 라일락
― 이름을 빼앗긴 꽃들에게

도봉에 살던 가족들
다 어디로 갔는가

창씨개명한 사람들도
다 돌아와 사는데

이적지 이름을 찾지 못한
백운대 정향나무여

실바람 타고 흐르는
미스킴 라일락

찡하니 콧속을 파고드는
정향나무 향기여

섬버들 노란 붓꽃들도
잔뜩 약이 올라 있다

독초 毒草

나는 독을 지녔다
향든 가슴을 지녔다

그러나 한 번도
남을 헤친 적이 없다

상하기 쉬운 목숨 보존코자
품고 있는 약일 뿐이다

수시로 꺾이는 목숨
지키기 위한 궁여지책窮餘之策의

정직한 독기를
미워하지 마라 건들지 마라

초원의 비를 기다리는
작은 풀꽃일 따름이다

잡초

콘크리트 틈새에서 혹은 마른 땅에서 일년초 억새풀이 자란다

베일수록 무성한 손 깊은 뿌리에는

피곤한 벌레들이 찾아와 하루를 잠재운다

감나무 추억

외갓집 뒤뜰에 선
한 그루 먹감나무는

먼 선조 적부터 뻗어와
느꺼운 열매를 맺느니

어슬녘 안동 권씨댁
시장기를 달랬느니

왜 철이 들 무렵
나는 떠나야만 했을까

멀리서 듣는 고향 소식
서러운 마음뿐일 때

웃가지 서리 물든 잎 하나
눈물빛으로 반짝이느니

나행목 裸杏木

정수를 벗어난 영하
12월 오후를 걷는다

커브를 돌면 경복궁 뒷길
마주 선 은행나무들

얼마나 껴안고 싶은
절제의 지순至純한 길

돌담이 끝나면
세종로 훤한 원경

머리의 눈을 털며
남산을 바라보며

12월 오후를 걷는다
아, 지상은 영하의 빙판

상수리나무

온 동네 아이들이
도토리를 줍고 있다

날짐승 길짐승
온갖 벌레들을

먹이며 재우며 서 있는
한 그루 상수리나무

고로쇠나무

지리산 중턱 쯤
우거진 고로쇠나무 숲

저마다 호수를 대고
헌혈을 하고 있다

얼음이 풀리는 계곡의
차가운 물소리

그때 그 송진 캐던 일이야
그렇다 하더라도

사람들아 사람들아
고칠 수 없는 네 중병에

지리산 고로쇠나무들
빈혈증을 앓고 있다

난지도에서

코를 막고 지나던
난지도에 숲이 우거졌다

온갖 쓰레기며 잡동사니들
산성비 황사 바람에

뒹굴며 썩고 썩더니
이윽고 잔디를 펼쳤다

나무는

어떤 나무는 들에 살고
어떤 나무는 산에 산다

들에 사는 나무도
산에 사는 나무도

토질을 탓한 적 없이
곰곰이 자리 지켜 산다

꽃이 피는 나무도
피지 않는 나무도

바람불고 비가 오는
이 지상의 날씨를

한 번도 거역지 않고
묵묵히 영원을 산다

기도

한 줌 흙 마당가에
꽃씨를 묻어 두고

아침마다 들여다보고
물을 주는 것은

내 생에 대한 기도요
사랑이요 삶의 의지여라

5.

몸에게

땅의 길

땅의 길 다다른 곳
그곳이 정토淨土인 것을

목숨 건 오체투지五體投地
얼마나 간절합니까

이따금 고개 들어 바라보는
먼 사원寺院 먼 고향

보행 步行

나의 오랜 보행은
허공에 한 발
지상에 한 발

생애의 체적은
바람에 날리고

무시로 바닥이 닿는 발은
허공에 떠 있다

뒤뚱, 발이 기울면
따라 기우는 세상

맥이 다 풀린 발은
무릎 꿇는 비굴이 된다

이윽고 발이 확인한 지상엔
딛고 설 하루가 없다

마지막 선행善行

초로初老의 한 사내가
땅바닥에 낙서를 하고 있다

'살아야 할텐데…'라 쓰고
밑줄을 쫙 긋는다

어디서 사 가지고 왔는지
버들치 몇 마리 풀어주고…

죽지 말고 살거라
방생放生의 권속들아

마지막 남은 나의 선행은
"나를 놓아주는 일"

사내는 피식— 한 번 웃더니
막대로 슥슥 지워버린다

해질녘

　산속에서 어둠이 내려와 꽃밭의 빛깔을 서서히 거두고 있다

　어느새 꽃들은 저 거뭇한 하늘 깊이를 휘저어 가고

　아내는 뜰에 찬바람을 한 아름 안고 긴 명목에 잠긴다

몸에게

안다
안다
다리가 저리도록 기다리게 한 일
지쳐 쓰러진 네게 쓴 알약만 먹인 일
다 안다
오로지 곧은 뼈 하나로 견디어 왔음을

미안하다 어두운 빗길에 한 짐 산을 지우고
쑥꾹새 울음까지 지운일 미안하다
사랑에 빠져 사상에 빠져 무릎을 꿇게 한일 미안하다

힘들어 하는 네 모습 더는 볼 수가 없구나
너는 본시 자유自遊의 몸이었으니 어디로든 가거라
가다가 갈 데가 없거든 하늘로 가거라
(뒤돌아 보지 말고)

달인達人의 말

어느 달인은
'마음을 비웠다'하고

또 어느 달인은
'비울 마음조차 없다' 하네

비움도 없앰도 다 마음의 일
다독이며 사는 것을

설교說教

친구 따라 절에 가고
아내 따라 예배당에 갔다

'욕망이 죄악을 낳으니
욕심을 버리라고' 한다

욕심을 버리려는 것
그 또한 욕심인 것을…

나의 몫

세상과 어울려 살자니
잡되고 헛된 일뿐

싫다 싫다 하면서도
기다려 온 한세상은

끝끝내 만나지 못했네
서운함만 내 몫이었네

그물

늙은 어부 혼자 앉아
그물을 깁고 있다

매양 끌어 올리는 것은
파도 소리며 달빛뿐이지만

내일의 투망을 위해
그물코를 깁고 있다

알 수 없는 수심水深을
자맥질해온 어부의

젖은 생애가
가을볕에 타고 있다

자갈밭 널린 그물에
흰 구름이 걸린다

한세상 사는 법을 어디 가서 배우랴

한세상 사는 법을
어디 가서 배우랴

망설이다 머뭇거리다
다 놓쳐버린 사랑이여

마음이 보이는 길을
어디 가서 찾으랴

음치音癡의 노래

언제나 목이 틔어 소리 한 자리 해볼거나
긴소리* 짜른소리** 중모리 휘몰이로
인간사 정 나고 철드는 얘기 한번 풀어 볼거나

장단은 어찌 잡고 목은 어떡해야 트일거나
심산유곡深山幽谷에 끊일 듯 이어가는
저 소린, 소리꾼의 꺾음인가 음치의 떨림인가

국창國唱말고 명창도 말고 귀명창은 더욱 말고
탁류천변濁流川邊***에 무릎 치는 고수 되어
얼씨구 절씨구 네 인생 추임새가 넣어 볼거나

* 장가(長歌), 판소리 등.
** 짧은소리, 시조 등.
*** 혼탁한 세상을 비유한 한자조어(漢字造語).

무상

오는 듯 가버린 것이여
친숙한 낯섦이여

너 곧 아니더면
이 업을 어이 하리

오늘도 멍청한 짓을
또 했구나 너를 믿고

산사행 山寺行
― 한산사 가는 길

눈이 내린다 구봉산 한산사가 눈에 덮인다
하늘과 땅 한빛으로 너무 넓어서 너무 멀어서
갈 곳을 잃은 중생衆生들 눈밭에 뒤척인다

어찌 산 공부 떠나야만 도사가 되랴 선사가 되랴
한세상 살아가는 일 그 또한 만행卍行인 것을
땅속에 풍뎅이보살 하늘엔 솔개보살

우일 雨日

비가 오고 바람이 분다
그것은 오늘의 날씨

내일은 개인다지만
그 또한 지상의 날씨

신발을 적시며 지나가는
사람들 몇 몇…

때를 묻히면서
세상을 알게 되고

눈이 흐려지면서
밝아오는 이치의

적당히 흐린 눈으로
밖을 보는 우일 雨日

어머님 눈물

어머님이 우신다
외로워서 우신다

내놓고 말 못한 한을
소리 내어 우신다

이제는 사랑할 시간이
없어서 우신다

만물의 영장

인간이 만물의 영장이라고 한다
누가?
지들이
웃기지 마라 캐라

　천지간에는 법칙이 있는데 그 원리가 약육강식이라 강한 놈이 약한 놈을 잡아먹고 살게 되었거든 인종人種들을 보라 털이 있나 가죽이 있나 그야말로 털도 안 벗기고 먹을 수 있는 고단백의 영양덩어리 그 자체가 아닌가 하는 수 없이 맹수들을 피해 수중水中으로 숨어들어 살기를 수수 백만 년 안전한 곳으로 들어가자니 물을 먹게 되고 코에 물이 드는지라 두 다리 뻗쳐 땅을 딛고 상체를 세우고 고개를 들어 목에 힘을 주는 동안 두 다리에 힘이 붙어 두 발로 서서 걷게 되니 인간들이 물 먹이고 목에 힘주는 버릇이 이때부터 시작된 것이 아닌지 모르나 앞다리가 할 일이 없어 자유를 얻은 것은 시쳇말로 대박이 터진 것이라 심심하면 일을 내는 인종이라 돌을 주어 던지고 깨고 부스고 놀면서 날카롭고 뾰

족한 것의 쓰임을 알아 돌칼이며 돌촉, 돌창 같은 기구를 만들어 들고 뭍으로 뭍으로 나아가 겨우겨우 종족을 보존해 온 주제에 뭐가 어떻다고?

　오늘날 살아있는 기적에 감사하고 나서지 마라 캐라

가을 일기

혼자 밥 먹고
혼자서 놀다
책을 읽다
깜박 졸다

새소리에 깨어보니
새들은 간데없고

가을만 깊을 대로 깊었다
나무들도 아픈가 보다

6.

누가 뭐라고 해도

말뚝

혼자 왜 여기 서 있나
머나 먼 들 끝에

사철 부는 갯바람에
간꽃 핀 부연 말뚝

지금 막 고추잠자리 한 마리
수평을 잡고 앉는다

전통 트롯을 듣다

흥이 많은 민족이라
한도 저리 깊던가

한 소절 한 시절을
울먹이는 노래여

너보다 내가 먼저 운다
아파서 그리워서

어느 낙천주의자의 변辨
― 운명이여 그대는 신인가 힘인가

'오늘의 운세'를 보았다
귀인貴人을 만날 괘였다

명리命理*며 인간사
잘되고 못 되는 것이

제 하기에 달렸던가
운명의 탓이던가

운명이여 그대는
신인가 힘임가

그대에서 체념을 배우고…
낙천樂天에 이르렀으니

삶 속의 삶 너그럽고
즐겁지 아니한가

* 명리학.

삿갓논

삿갓을 벗어 놓으니
보이지 않아라

파, 마늘, 겨울초
노부부의 가슴 밭길

곡신穀神은 언제 오시나
다랭이 마을 삿갓논

데생

삼바 리듬을 타다
멀미가 난 도시

행복한 사람을 본 적이 없어
품바를 그리고

현자賢者를 만난 적 없어
삐에로를 그렸네

그리운 인생이거라

얼마를 살아야
다 살았다 이르는 건가

늙기도 그친* 저물녘
귀가 어두워 오더니

친구들 어디로 갔는지
보이질 않는다

묻지 마라 이승 한살이
어려운 줄 누가 모르랴

암중모색의 밤이여
낮은 포복의 나날들

비록에 아픈 삶일지언정
'그리운 인생'이거라

* 사람 나이 78세면 노화가 그친다고 한다.

남자와 여자

1.
팽팽한 밀당의 일상
번번이 당하면서도

큰소리 치는 남자
왕년의 한가락

땅 쓸고 밖에 나가면
없던 기도 살아난다

2.
미모와 사랑의 변신
다감한 곡선들

자존심 하나로
버티어 가는 세상

한 편의 난해한 서정시
절정은 끝이 없다

넋두리

사는 게 무언지도
모르면서 살았습니다

어쨌든 살기만 하면
되는 줄 알았습니다

그래서 떠날 때에도
정을 떼지 못했습니다

살아서 다 하지 못한 말이
그리움이 되어

수시로 전갈을 보내지만
이승과 저승말이 달라

중년의 무녀巫女가 궁시렁 궁시렁
넋두리를 하고 있습니다

누가 뭐라고 해도

몸을 세우지 못했다고
세상을 등질 것인가

조금더 조금만 더
온 몸을 던져 살아 온 터에

이제 와 잘잘못을 따져
어찌하잔 말인가

사람 사는 이야기야
즐거움도 반 괴롬도 반

빵 굽는 일 하나로도
이름이 높거늘

그 누가 뭐라고 해도
인생은 살아볼 만한 것

내일

내일은 좋은 날, 게으른 사람들의 탈출로

날마다 다가오지만 만난 이는 아무도 없다

오로지 기대에 부풀어 기다리고 있을 뿐

'내일'은 제 이름으로 오지 않는다

간절하나 오지도 않고 지나 가버린 날들

수 없이 기다리어 온 내일은 허구였다

배웅

옥이 왔다
빗속에 간다
10시 5분 전 오후

옛날 가정교사를
보러 왔던 숙녀의

손목을 꼭 쥐어 주는
그것은
쓸쓸한 답례

세상은

1.
세상은 잘난 사람들이 사는 곳이 아니다

세상은 불쌍한 사람들만 사는 곳도 아니다

세상은 보통 사람들이 평범하게 사는 곳이다

2.
세상은 어디서 본 듯한 사람들이

서로를 낯이 익다고 반기며 사는

애틋한 삶의 터전이다 즐거운 놀이터이다

무명시절無名時節

노래를 부르다가 우는 사람을 보았는가
행사는 다니지만 배가 고픈 무명가수
무대가 열리었어도 소리가 들리지 않네

"아직도 밤인가봐" 이름이 뜨지 않는
무명무명無名無明 무명무명無明無名
참담한 무명시절을 누가 모르랴

우지마라 무명시절은 누구나 겪어야 하는 통과의례
그 사이 천재가 나고 소리가 되고 무대가 열리느니
내공을 길러라 명불허전名不虛傳 큰 가수가 되거라

여름밤에
— 별의 윤회

별들과 둘러앉아
잔술 나누는 밤

멀리서 별 하나
자폭을 한다

하얗게 부서져 연기처럼
어디론가 사라진다

몇 순배나 돌았을까
풀벌레 소리 요란한 밤

불현듯 번쩍이는 섬광
윤회의 별빛인가

취기가 돈다 별은 빛나고
시원한 밤바람 분다

자각

어느새 잠도 줄고
행간이 너무 넓다

또렷또렷 하던 것들
흐려 비쳐 오느니

안경만 자주 닦는다
눈이 흐린 줄 모르고

엽서

철없던 시절은
철없이 지나가고

멋모르고 살던 날들도
덧없이 지나갔구나

친구야 이 세상에 태어나
너를 만남이 행운이었구나

7.

해설

| 해설 |

전통과 개인의 결합

박철희(서강대 명예교수)

1.

　현대시의 장르로서 현대시조라고 했을 때 현대시조는 전통시조와 같이 시조, 그것이어야 한다는 명제에 이론이 있을 수 없다. 전통시조건 현대시조건 그것은 다 같이 '시조성時調性'의 메아리다. 시조성을 기층으로 한 표층적 표현이라는 점에서는 현대시조는 전통시조와 같지만, 그 표현이 개인마다 다르게 나타나는 개체적 표현이라는 점이 전통시조와 다르다. 물론 내용 또한 전통적 소재에서 벗어나 크게 확대한 것은 분명하다. 그러나 소재 그 자체는 근본에 있어서 별로 달라진 것은 없다. 언제나 그렇듯이 시인이 말하는 것은 일차적으로 그리움과 사랑이며 이차적으로는 자연 또는 생활이다.
　다만 다른 점이 있다면 소재 자체보다 소재를 대하는 시인의 눈이다. 그것은 다름 아닌 개성적 눈自說眼이다. 그리고 그것은 개인주의의 대두라는 근대적 분위기와 무관하지 않다. 개인보다 공동체와 사회의 압도적인 중요성을 강조했던 조선조의 사회적 억압으로부터의 해방에 대한 욕구가 있었고 서구문학의 강한 유혹이 있었다.

 욕구와 유혹이 클수록 지속과 안정에 대한 갈망은 더욱 커지는 것이다. 한국 시가를 일관하는 자기통일적인 형식으로 시조성이 강조되는 것은 이 때문이다. 시조성이야말로 그것은 종으로 전통적 인식과 서정의 거푸집 구실을 하고 횡으로 서구 자유시를 받아들이는 채 구실을 한다. 근대 이후 육당 노산을 거쳐 가람에 와서 시조가 하나의 유려한 시적 표현을 얻을 수 있었던 것은 새로운 시대의 개인적 표현의 욕구가 시조의 형식과 잘 맞아떨어졌기 때문이다. 겉보기와는 달리 안으로 의연한 초시대성을 지닌 것이 시조성이다.

 사실 전통시조와 현대시조라는 명칭이나 구분도 따지고 보면 근대적 사유의 필연적 결과다. 이미 존재했던 비인격적인 실체(이름 없는 사물)가 근대적 시각을 통해 실체(시조라고 명명)가 들어난 것이 아닌가. 그때 비로소 각각 서로 다른 자신의 담론 규칙을 마련한 것이다. 문학으로서의 시조라는 말은 19세기 우리 선조들의 언어 체계에서는 존재하지 않았다. 이유는 간단하다. 문학이란 말 자체가 근대의 나 어린 산물이다.

 따라서 현대시조의 존재성은 시조로 하여금 무엇이 어떻게 하여 현대시조 작품이게 하는가 하는 시조성과 현대성에

걸려 있다. 따라서 현대시조의 존재성, 말하자면 시조의 형식(정형)과 내용(현대정신), 이러한 서로 다른 모순의 유기적 통합에 있다. 무엇보다 현대 시조에서 역설, 형이상성 등이 시적 의장義匠의 본령으로 다루어진 것은 이 때문이다.

  그렇다고 시조의 형식은 전통적인 개념과 같이 단순히 내용을 담는 그릇이나 틀은 아니다. 재료가 미적 효과를 획득하는 방식, 즉 형식론자들의 이른바 구조와 같은 개념이다. 시조에 있어서 내용은 시조 작품 속에 형성된 것, 또는 형태(육체)를 갖춘 것으로 파악된다. 따라서 시조의 형식은 내용의 존재 방식, 그것에 의하여 내용이 내용으로 되는 것이다. 현대시조에서 적어도 현대성에 역점을 둘 때 시조는 관념보다 이미지가 노출露出보다 가림(비유)이 중시된다. 속으로 깊으면서 겉으로 얕고, 안으로 복잡하면서 밖으로 단순한 것—이것이 현대시조의 존재론이다.

2.

  나이가 들어서일까, 시조에서도 긴장을 풀고 싶다. 예민한 감성, 고도의 지성, 치열한 시 정신, 깊은 통찰력과 새로운 율격이 요구되는 것이 현대시조인데 시에서 이러한 긴장감을 빼버리면 무엇이 되겠는가. 아마도 시 아닌 그저 덤덤하고 무의미한 시조 비슷한 것이 되고 말 것이다. 그러나 그렇다 하더라도 여유롭고 쉽고 재미있는 시조를 써보고 싶다.

시인 자신이 이번 시조집에 부친 '시인의 말' 중의 한 대목이다. '시인의 말' 그대로 '여유롭고 쉽고 재미'가 낳은 작품이 다름 아닌 신작 「거짓말」, 「보이지 않아라」, 「다랭이 마을」 등이다.

신작이 보여 주듯이 김제현의 시편은 그의 근작이 그렇듯이 따로 해석이나 주석이 필요 없을 만큼 낯익은 경험과 형식으로 점철되어 있다. 낯익은 경험이기에 전언이 쉽게 전달된다. 시형 또한 겉으로 얕고, 밖으로 단순하다. 그러나 겉보기는 얕고 단순하다고 해서 가벼이 볼 수 없는 것이 그의 시편이다. 그의 시는 한결같이 표현하되 드러내기 위해 표현한다기보다 가리기 위해 표현하는 그런 면모를 지니고 있었다. 이번 신작도 예외는 아니다. 단순성을 바탕으로 해서 생활 주변의 조그마한 것과 산문적 일상을 산문 쓰듯이 쓰고 있다. 그만큼 통상 시적인 것과 거리가 멀다. 비시와 같은 인상을 주는 것도 무시할 수 없다. 그러나 지적인 통어가 결여되는 경우는 드물다. 가벼운 듯하면서 삶의 여러 모습을 뚫어지게 통찰한 뜻 깊은 경험을 놓칠 수 없다. "거짓말도 가만히 들어 보면/ 재미가 있다 사연이 있다"로 시작되는 「거짓말」 같은 것조차 겉보기는 상식적인 느낌을 준다. 그러나 그 이면과 숨은 공간은 넓다. "헛말도 헤아려듣는 나의 귀/난청이 고맙다'와 같이…….

이런 뜻에서 신작만이 아니라 그의 단시형은 시 작품으로서 그 성취야 어쨌든, 한결같이 오늘을 사는 우리의 내면을 다시 한 번 새롭게 체험케 한다. 압축된 시편 속에 우리의 감성과 의식을 간결하게 정의하고 요약하고 있다.

그의 시는 무엇보다 자기 관찰적(「우일」)이고 반성적(「정년기」, 「땅의 길」)이다.

> 눈이 흐려지면서
> 밝아오는 이치의
>
> 적당히 흐린 눈으로
> 밖을 보는 우일
>
> ―「우일雨日」 부분

> 세상이 나의 부실을
> 어떻게 알았는지
>
> 이마쯤 머물라 한다
> 쉬엄쉬엄 가라한다
>
> 가쁘게 살아온 것이
> 잘못이었나 보다.
>
> ―「정년기停年期」 전문

그렇다고 자기관찰 자기반성이 있을 법한 자기변호나 자기주장은 없다. 그만큼 나르시스의 자기정수自己享受와 진배없다. 자신의 일상 그 자체가 다름 아닌 그의 시다. 시의 화자와 시인이 동일 인물이다. 그의 시를 읽으면 그의 실제 모습과 태도 그리고 일상의 세목細目까지 그대로 눈에 밟힌다. 그의 고독 시편들은 한결같이 우리와 친숙한 가락과 진솔한 자기현시自己顯示로 이루어져 있다. 근자 현실에 강력한 관심을 표현한 시들, 그중에서도 언어가 지닌 지시적 기능을 강조한 시보다 오히려 이러한 그의 진솔한 울림의 시가 우리에게 호소력이 큰 것은 이 때문이다. 진솔한 언어일수록 함축과 함의도 넓고 깊다.

시와 삶의 일치라는 인생론적 시학이 그의 시 방법이다. 그의 시는 시와 시인의 분리란 형식이론과 무관하다. 만들어지는 것이 아니라 절로 생겨나는 것이다. 시종일관 그의 시는 서구적 담론 안의 근대적 시각과는 거리가 멀다. 그런 의미에서 그는 전근대적인 시인, 말하자면 반모더니스트이랄 수 있다.

3.

「정년기」, 「우일」 등 그의 시편들은 다같이 삶의 일상에 시심詩心이 움직이면서 자기성찰과 삶의 이치를 헤아리고 있는 것이다. 그런 점에서 그의 일상성은 불교의 평상심을 연상케 한다. 하찮은 일상이 뜻밖의 오도悟道의 표현이 되어 준다.

'한잎 두잎' 떨어지는 꽃잎(「지는 꽃」)을 보는 시야에서 잃어버린 세월의 흔적을 떠올리면서 '무수히 내려 쌓이는 전설은 아픈 웃음의 음성'임을 증언하기도 하고,「하루살이 꽃」과 같이 "영원과 한나절도 그 길이는 같은 것/ 다른 것은 사람들의 치수의 차이"임을 깨닫기도 한다. 또한 콘크리트 바닥에서 혹은 마른 땅에서 자라나는 억새풀(「잡초」)에서 오히려 생명력을 읽고 풍경소리(「풍경」)에서 '비어서 넘치는 무상의 별빛'을 읽어낸다. 심지어는 사회와 현실과 무관한 듯이 보이는「거짓말」,「나는 불평이 많다」,「우물안 개구리」등의 시조차 그것이 이 시대의 삶과 가치에 대한 묵시적 비판이라는 것은 한국시의 아이러니며, 그 점 우리로 하여금 많은 것을 생각게 한다. 그에게 현실은 저항이나 비탄 속에 파악되는 것이 아니라 조용한 일상 속에 관찰된다.

　　뎅그렁 바람따라
　　풍경이 웁니다.

　　그것은, 우리가 들을 수 있는 소리일 뿐,
　　아무도 그 마음속 깊은

　　적막을 알지 못합니다.
　　만등(卍燈)이 꺼진 산에 풍경이 웁니다.

　　비어서 오히려 넘치는 무상의 별빛.
　　아, 쇠도 혼자서 우는 아픔이 있나 봅니다
　　　　　　　　　　　　　　　―「풍경」전문

춥고 가난스런
바람손을 놓고

한 잎 한 잎
어제의
꽃잎이 떨어진다

진실한 빛깔로 타던
그 하늘은
지금 침묵.

한 모금 물
찾던 눈 감기고
너무나 조용한 지상地上

무수히 내려 쌓이는
멀어져간 전설은

고독이 띄우는
아픈
웃음의 음성이었다

—「지는꽃」 전문

'뎅그렁 바람 따라 우는 풍경 소리'는 한편으로는 상상하는 공간이(제유) 되기도 하고, 다른 한편으로는 실재하는 풍경이 되어 준다. 상상된 비어 있는 공간은 그에게 하나의 형이상적 깨달음의 실마리가 된다.

특히 「지는 꽃」은 옛일을 돌이켜 보는 것은 잃어버린 시간을 되살리는 일이면서 그것을 새로운 의미 관련 속에서 새롭게 이해하는 일이다. "고독이 띄우는/ 아픈 웃음의 음성"이나 '구불한 산길'은 사실이면서 사연이다. 그것은 두고 온 신산辛酸의 세월을 이야기한다.

이렇듯 우리의 내면을 감성으로 느끼며 고전적 절제로 통어統御하여 시적 진술에 이르는 능력이 보통이 아니다. 그의 시에서 시인 아닌 '나'를 느끼는 것은 이 때문이다. 아니 우리의 '나'를 느낀다.

시의 기능의 하나가 관습의 울을 뚫고 삶을 새로운 눈으로 보게 하고 경이를 깨우치는 일이다. 경이 못지않게 시가 주는 즐거움은 익히 알고 있는 사실을 재확인시켜 주는 데 있다. 우리가 막연하게 또는 어슴푸레하게 생각하고 있었던 일 또는 생각한 일이 있었던 일을 시인의 작품에서 재확인하였을 때 받는 안도와 기쁨의 감정이다. 시에 있어서 언어로서 형상화해 가는 과정이란 것 자체가 막연한 상태에서 명료한 상태로 옮아가는 한 과정이며, 형체가 없는 것을 형체가 있도록 하는 과정이며 혼돈에서 질서로 정돈되어 가는 과정이다. 그러니까 독자는 현실이라고 하는 막연하고 잡다한 혼돈 속에서 그저 어슴푸레하게 또는 한순간 별똥처럼 번쩍이다 만 이미지의 단편이나 섬광을 시 속에서 시인이 포착하여 뚜렷하게 체계를 세워 위치화한 것을 보고 '참 그렇지' '바로 이

것이었구나' 하는 느낌을 갖는다. 이러한 느낌이 낳은 시편이 「어머니의 눈물」이며, 시집 『백제의 돌』에 실린 생태 시편이다. 무심코 보내기 마련인 일상을 되짚고 성찰하는 것이 철학의 일이라고 한 것은 프랑스의 철학자 레비나스다.

「어머니의 눈물」과 같은 시는 필경 슬픈 눈물이나 그것을 내세우지 않는 점에 풍류가 있다. 그렇다고 세상살이의 슬픔과 포한, 삶의 덧없음에 대한 감회가 없는 것은 아니다. 어찌 감회가 없었을까마는 그는 내적 감정을 직접 토로하지 않고 그저 어머니는 "이제는 사랑할 시간이 없어서 우신다"와 같이 감정을 절제하고 그 다음 우리로 하여금 일상의 낯익은 절실하고도 압축된 사연을 상기시키게 한다. 이렇듯 그의 시심詩心이 자신의 한계에 눈뜨면서 그것을 긍정하고 달관(「땅의 길」)할 수 있었던 것은 삶에 대한 긍정, 이른바 풍류가 아니면 생각할 수 없는 처리요 착상이랄 수 있다. 이제 시인도 "오늘도 여치소리나 들으며 바람소리 닳이는" "외롭고 쓸쓸한 날들" 앞에 섰다. 아니, 눈이 흐린 줄 모르고 안경만 자주 닦는 나이에 이르렀다. "알 수 없는 수심을 자맥질해 온 어부의 젖은 생애"가 다름 아닌 시인의 생애가 아닌가 (「그물」) 시와 생활과 풍류가 함께 하는 해조諧調가 그의 말년의 시가 누리는 아름다운 시정詩情의 하나다.

"보이지 않아라/바라볼수록 보이지 않아라…"(「보이지 않아라」)와 같은 구절에서 초월적인 세계의 예감이 비쳐 있다. 「한공」도 마찬가지다.

하늘 먼
이승길
어둠 속 눈물

텅 비어
이 들녘
달빛 서리에 차
까르륵
어느 마음을 찾는가
외기럭
실울음

—「한공」 전문

이런 뜻에서 성격은 다르지만 「다랭이 마을」 또한 삶에 넉넉한 눈길이 낳은 시다. 자연과 생활에 순종하는 것, 그런 것이 이 땅 시조의 세계다.

경삼남도 남해군 남면 다랭이 마을
설흘산 가파른 능선을 타고 오른 다랑논
두어 뼘 삿갓배미에
유채꽃 피었다.

메밀이며 겨울초 시금치 마늘뿌리로
고단한 삶을 이어 오는 노부부의 가슴밭
층층이 오르는 다랑논

　　　　백팔 계단. 백팔 번뇌
　　　　　　　　　―「다랭이 마을」 전문

　「다랭이 마을」,「어머니의 눈물」 등 소박한 일상 시편은 삶에 대한 긍정적 관점이 낳은 것이다. 삶에 대한 긍정, 그것은 생명 존중 바로 그것이다. 하찮은 풍뎅이나 솔개조차 보살(「한산시행」)로 보았던 그다.「난지도」,「꽃아」 등 근자의 생태 시편들은 훼손되기 이전의 자연, 본원적 자연을 지향한다. 자연을 자연으로 보존하는 일이 높은 차원의 인간성 실현이다. 사람의 진정한 자아는 생태계적 자아임이 틀림없다.
　김제현만큼 시종일관 삶의 의미를 모색해온 시인도 드물다. 초기의 생명과 존재에 대한 물음은 그 후에도 변함이 없다. 근자에는 인간의 윤리적 실존에 관심을 가지고 있다. 그만큼 있는 그대로의 세계에 대한 인식에 삶을 걸고 있다. 초기 시처럼 세계를 억제된 욕구를 통해서 바라보는 것이 아니라 있는 그대로 바라본다. 안분지족의 초연한 태도가 그로 하여금 세계를 비판적 안목보다 있는 그대로 보게 한다.

　　　　비가온다
　　　　오기로니

　　　　바람이분다
　　　　불기로니

세상은 비바람에 젖는 날이 많지만

　　언젠가 개이리란다
　　그러나 개이느니
　　　　　　　　　　　　　　―「무위無爲」 부분

　그의 시에는 작태가 없다. 짐짓 지어서 하고 일부러 꾸미는 것이 작태다. 그 경지를 전통시조에서는 절로라고 하였다. 「무위」는 전통시조 "산절로 수절로/ 산수간에 나도 절로/ 그 가운데 절로 자란 몸이/ 늙기도 절로 하리라"를 방불케 한다. 억지가 없고 손댄 자국이 없고 꾸며서 지은태가 없는 것이 절로다. 산이 절로 솟고 물이 절로 흐르듯 삶도 그같이 살고자 한 것이다. "눈 속의 매화 한 송이/ 바람 먹고 벙근다/ 매이지 말라 매이지 말라"라고 노래한 것은 이 때문이다. 그것은 세상이 공임을 깨닫고 열리는 불교의 깨달음을 연상한다. 굳이 불교나 노장의 도에 기대지 않아도 좋다. 그것은 동양적인 예지다.
　이런 점에서 「목월운木月韻」, 「강촌에서」, 「한공寒空」, 「오후 5시」 등은 압축과 생략에 담긴 여운이 동양화가 지닌 여백의 시적변이라고 할 만하다. 자연에 부친 심미주의 시가 아름다운 슬픔을 낳듯이 그의 세상 읽기는 삶의 깊이를 역설적으로 보여 주고 있다.
　그런 점에서 그는 초기의 『동토』나 그 후 사설시조의 시편 『산번지』를 쓴 비분의 선비라기보다 「꽃은 지다」, 「풍경」을 쓴 강호도가의 풍류의 시인이라고 할 만하다. 젊은 날의「도라지꽃」,「산길」,「새벽에」의 시편과「산사」의 거리는 엄청나다.

　그의 시를 논할 때 적어도 초기엔 시조적 관습 그것도 시조 특유의 형식미를 떠나서 생각할 수 없다. 처음부터 사물에 대한 즉물적 객관성을 도모하였다. 그러나 소재와 기법의 갱신에도 불구하고 결과적으로 어조나 어법이 전통시조에서 자유로울 수 없었다. 그만큼 작위적이라는 인상은 배제할 수 없다. 이러한 인상은「고지」,「도라지꽃」에도 두드러진다. 하지만 근자에 와서는 산문적 형식을 지니게 되면 인간 심성의 내오內奧에 침잠한 것은 우연이 아니다.

　전통적 형식주의적 미학이 20대 젊은 날의 작품이라고 하면 내면화된 정신적인 부피의 미학, 그것이 그 후기 작품이다. 초기의 리얼리즘과 후기의 서정적 스타일에는 확연히 단절이 있는 것처럼 보인다.

　그러나 시조적 조형은 낯선 것은 아니다. 시집『동토』에서 이미 꾸준히 가꾸어 온 것이다.『도라지꽃』이 보여주듯이 이러한 조소성은 처음부터 구현하고 있었다. 다만 초기의 리얼리즘이 근자의 일상성의 명상과 추구로 바뀌었을 뿐이다.

　주지하는 바와 같이 시는 인간적인 것의 화신incarnation으로서만 존재한다. 시는 인간적인 것의 육화요 수육受肉 같은 것이다. 그러기에 시는 우리 육체와 진배없다. 몸에 맞는 옷이 우리 살결처럼 느껴지듯이 시 또한 같은 느낌을 주어야

한. 시조는 그만큼 자기동일적이다. 반대로 몸에 맞지 않은 옷을 우리가 입을 수 없듯이 그렇지 못한 시가 우리의 것일 수 없다. 근대 초 자유시가 바로 그것이다.

  시는 그 언어가 지닌 내용 때문에 힘 있는 것은 아니다. 인간적인 것의 육화요 수육 때문에 힘 있는 것이다. 육체로 파악되지 아니한 세계는 관념으로 시종할 수밖에 없다. 이런 뜻에서 그의 시가 자기만족적인 감정주의나 관념적인 자기과시와 무관하고, 흔한 일상의 주제를 다루면서도 일상을 추문화할 수 있었다.

  시 「실교」, 「달인의 말씀」, 「땅의 길」에 나오는 구절처럼 "욕심을 버리는 것/ 그 또한 욕심인 것을" "비움도 없음도 다 마음의 일" "눈부신 네 순색이 살빛/ 본래의 자유를 본다"와 같은 것은 얼핏 인생의 정의처럼 들린다. 그러나 그것은 아포리즘이나 에피그램과 같은 것은 결코 아니다. 잠언이나 정의처럼 보이는 위의 진술을 몸(시조의 틀)으로 파악한 것이다. 시인은 몸을 통해 삶의 지혜를 적절하고 간결하게 보여주고 있다.

    암록색 무당개구리
    우물 안에서 산다.

    바깥세상 나가봐야
    패대기쳐져 죽을 목숨

온전히 보존키 위해
우울 안에서 산다.

짝 짓고 알 슬기에
깊고 넉넉한 공간

이따금 두레박 소리에
잠을 설치고

별들의 전갈을 기다리며
눈이 붓도록 운다.
  　　　　　　　　　　　－「우물 안 개구리」 전문

「우물 안 개구리」는 심사 소감(한국시조대상)에서 얘기했듯이 제목 그대로 우물 안 개구리에 자신을 투사하여 삶의 자족을 노래하면서 아울러 우물 밖 인간 현실을 개탄한 일종의 우화시다.

언뜻 보면 이 시가 바깥 세계에서의 도피나 외면이랄 수 있다. 그러나 그 반대다. 몇 마디 안 되는 시구 속에 바깥세상에 대한 풍자의 낌새가 숨어 있다. 그러면서 세상살이의 답답함과 신산함을 상기시킨다. 그만큼 이 시조가 갖는 의미는 복합적이고 중층적이다. 우물 안 개구리는 시인 자신의 운명의 한 대유代喩이지만, 개구리는 시인에 있어서 제2의 분신 같은 것이다. 아니 개구리는 바로 시인 자신이었다. "만나는 것은 타자가 타자인 만큼 타자인 꼭 그만큼 내가 타자가 되는 것"이라고 한 것은 자크 마리탱이다. 이 경우, 우물 안 개구리가 그냥 개구리가 아니라 무당개구리며 그것도 녹색이 아니라 암록색이라는 것도 놓칠 수 없다.

자칫하면 이 시에서 우화시와 같은 교훈적인 전언이 빠지기 쉬운 피상성을 진정성으로 떠받치고 있는 것은 시조적 골격과 시각에 있다. 간결하나 간절하게 토로되어 있다. 그러나 구체적인 세목 같은 것은 없다. 현대시조에서 적어도 '현대성'에 강음부를 둘 때 시인은 독자에게 말을 건네는 일은 드물다. 어디까지나 시조의 전언은 행간과 침묵 속에 있다. 그 행간을 읽고 채우는 것은 독자의 몫이다. 이 시가 단순해 보이는 산문체를 지향하면서도 오히려 산문에서 자유로운 것은 이 때문이다.

이 시조의 시각 또한 독특하다. 정중지와 井中之蛙라는 통설을 낯설게 함으로써 소견이 좁은 것은 개구리가 아니라 우물 밖 인간이다. 우물 안과 밖의 입장이 바뀌었다. 말하자면 거꾸로 되짚는 시선, 역전의 눈길이 옳은 노래가 시「우물 안 개구리」다. 이제 우물 안이란 거주 공간은 자폐의 좁은 공간이 아니다. 좁은 공간은 우물 안이 아니라, 바깥 세계다. 아집과 편견의 울안에 있는 한, 누구나 이른바 통상적 의미에서 '우물 안 개구리'다. 오히려 실재 우물 안이 "짝 짓고 알슬기에／ 깊고 넓은 공간"이다. 인간의 시선에 의해 가려 있던 것, 상식의 그늘에 숨어 있던 개구리가 시인의 정서를 기다려서 제 모습으로 드러난 것이다.

마지막 구절 "별들의 전갈을 기다리며/ 눈이 붓도록 운다"가 보여 주듯이 이 시에는 엄청난 공간이 있다. 우주여행이라도 하듯 시를 쓰고 있다. 내가 처해 있는 현실, 내가 지니고 있는 상황이 어둠이고 우물 안이라는 인식 때문에 밤하늘의 별은 더욱 밝고 별빛에 대한 그리움은 사무친 것이다. 자신의 한계에 눈뜰 때, 그리하여 그 허무에 마음 두면서 우러르게 되는 별과 그 사이에는 서정적 긴장이 마련된다. 별들의 전갈을 기다리면서 눈이 붓도록 우는 것은 이 때문이다. 이 시에 생기와 현실감을 부여한 것은 바로 이 마지막 구절이다. 뭐니뭐니해도 그의 시의 매력은 종장에 있다.

시조 형식은 단순한 음절 구조의 기계적 체계는 아니다. 그것은 그 형태에 알맞은 일정한 서정적 흐름을 요구한다. 그중에서도 종장의 기능이 특히 주목할 만하다. 이들 시조가 의미 있는 시조로서 일종의 관념에서 구제할 수 있었던 것은 종장의 기능적인 처리가 작위가 아닌 자연스러움에 있었다. 시조의 형식론적 특색의 하나로 종장 첫 음보가 3음절이고 감탄사가 많으며 둘째 음보가 5음절 이상이라고 흔히 지적된다. 그러나 이것은 시조만의 것이 아님은 주지의 사실이다. 다만 행과 음보 수 그리고 음절수가 다를 뿐이다. 그만큼 종장 첫 음보와 둘째 음보의 긴장관계는 우리말이 영탄적으로 사용될 때 자연스럽게 우러나오는 자연스러운 패턴이 아니던가.

먼 하늘 머리에 이고
도라지꽃이 피었다

— 「도라지꽃」 부분

이따금 관념의 새만
산을 지고 나른다.

— 「나의 그림에는」 부분

자갈밭 널린 그물에
흰구름이 걸린다.

— 「그물」 부분

유년의 아픈 생채기에
갯바람이 감긴다

— 「경포대 소나무」 부분

목 뽑아 강강수울래
세편 산에 송편달

— 「월광곡」 부분

 이렇듯 그는 일상을 얘기한 다음 어떤 개인적이거나 일반적인 속생각을 내리는 것이 아니라 삶의 신비에 대한 경이를 전경화한다. 그리고 그것은 사물 그 자체를 있는 그대로 보면서 욕구와 판단을 괄호 속에 묶는 여유로 가능한 것이다. 그렇다고 그 여유(무심)가 짐짓 모르는 체하는 자기방어나

고고한 자세(기심)와는 거리가 멀다. 이런 점에서 그의 시를 두고 말 흐름의 어조와 느림의 미학으로 본 것(이지엽)은 정확한 지적이다.

시청각의 교전, 정과 동의 교체 등 공감적 이미지가 독특하다. "정밀하고 정확하고 분명한 기술만이 아름다움이 창조된다"고 한 것은 이미지스트 T.E. 흄이다. 이미지는 정확한 기술도 가능하지만 더 확대된 의미를 전달한다. '도라지꽃' '갯바람' '흰구름'은 이미지이면서 사연이다.

팔자를 얘기하고 신세를 풀쳐갈 때 그 푸념 같은 말들이 한발 빗겨서서 체념과 인고를 더불어 필경 삶에 대한 긍정스러운 고갯짓을 해보는 경지, 그것은 이 땅의 시조 정신에서 배운 것이다. 그때 비로소 넋두리가 지혜로 역전할 수 있었다.

(김제현, 『우물 안 개구리』, 고요아침, 2010, 해설 재수록)

시조 미학을 통한 존재론적 근원의 탐구

유성호(한양대 교수)

1. 현대시조의 장르적 연속성과 개성

우리가 창작하고 수용하는 시 양식 가운데 가장 외연적 규정을 많이 받고 있는 것은 아무래도 '현대시조'일 것이다. 하지만 우리의 전통적 민족 형식 중 거의 모든 갈래가 사멸의 길을 걷거나 다른 장르로 흡수되고 통합되어버린 데 비해, 현대시조는 다양한 자기 갱신을 통해 여전히 우리 민족문학의 장자(長子) 노릇을 톡톡히 하고 있다. 따라서 '정형'이라는 현저한 외적 제약에도 불구하고, 현대시조는 '원초적 통일성'을 회복하려는 시 장르의 본래적 지향을 잘 체현해내고 있다고 할 수 있을 것이다. 특히 과거의 고시조들이 유교 이념에 대한 계몽적 욕망이나 주객합일의 소박한 자연 친화적 경향을 드러내는 데 골몰한 것에 비해, 현대시조는 주체-대상간의 섬세한 무늬를 묘사하는 데 공을 들이면서 활달한 자기 전개의 역사를 이어가고 있다 할 것이다.

물론 우리 시대는 주체와 세계간의 균형과 조화보다는 그 사이의 미세한 균열과 갈등이 첨예화되어 있는 시대이다. 주체의 내적 원리와 세계의 원리가 서로 소통하고 화응(和應)하는 계기가 태부족이고, 주체는 세계의 운동 원리에 대해 명료한 판단과 의식을 가지기 어려운 시대이기도 하다. 따라서 우리가 쓰고 읽는 시에 주체-대상의 화음(和音)보다는 그 사이에서 이는 파열음이 빈번하게 등장하는 것도 어쩌면 자연스러운 일일 것이다. 그렇다고 모든 시가 파열음을 낼 필요는 없을 것이다. 오히려 그 일상화된 파열과 균열의 양상 속에서 아직도 '순간' 속에 드러나는 사물의 '충만한 현재형'을 포착, 표현하는 것이 시의 기능 중 다른 무엇에 양도하기 어려운 것이기 때문이다. 서구적 특수성에서 자라난 여타 역사적 장르와는 다른, 우리의 언어적, 세계관적 특성을 토양으로 발전되어온 시조를 우리가 더욱 애정 있게 계승해야 하는 까닭을, 우리는 이 같은 시조 문학의 양식적 특성에서 찾을 수 있을 것이다. 이때 우리는 프리드리히 슐레겔(Friedrich Schlegel)의 다음과 같은 발언을 시사적으로 경청할 수 있을 것이다.

문학 장르는 작가들이 자기네 사상을 표현하기 위하여 채택하는, 초시간적으로 존재하는 주형(鑄型)이 아니다. 장르는 작품 자체와 함께 발전하여 작가에게 재래의 문학사를 제공해주고, 앞으로 발생할 수 있고, 확장될 수 있고, 다른 장르와 잡종이 되고, 뒤집어지고 개작될 수 있는 형태를 공급해준다. 그러나 선구자 또는 선례가 없는 것처럼 느닷없이 발명되는 일은 거의 없다.

이는 장르의 역사성을 설명해주면서 우리 현대시조가 "작가에게 재래의 문학사를 제공해주고, 앞으로 발생할 수 있고, 확장될 수 있고, 다른 장르와 잡종이 되고, 뒤집어지고 개작될 수 있는 형태를 공급해"주는 원천임을 시사한다. 그것이 바로 현대시조의 장르적 독자성이라 할 것이다. 이러한 현대시조의 역사에서 김제현 시학은 매우 돌올한 위상을 거느린다고 할 수 있는데, 그 세계는 시조 미학을 통한 존재론적 근원의 탐구의 역정을 수반하면서 우리 현대시조의 가장 중요한 장르적 연속성과 개성을 동시에 보여준다 할 것이다. 그 세계 안으로 들어가 보자.

2. 민족 현실 탐구와 인간 존재의 구경적 탐색에 대한 진정성

김제현 시인의 척 시조집 『凍土』(1966) 안에는, 시인 특유의 민족 현실 탐구와 인간 존재의 구경적 탐색에 대한 진정성이 가득 출렁이고 있다. 거기에 실려 있는 작품들은 정형의 양식적 안정성과 함께 역사의 어둠을 극복하고 새로운 아침을 당기려는 젊은 시인의 예지를 담고 있다. 약관의 청년이 견지한 시상이라고 하기엔 너무도 숙성된 인식 및 감각이 결합한 다음 작품은, 김제현을 가능하게 했던 등단작임과 동

시에, 초기시의 초기적 좌표를 보여주는 확연한 지남(指南)이다.

> 줄줄이 뻗힌 山脈
> 沈黙에 잠겨 있고
> 苦難의 歲月을 겪어
> 타다 남은 高地에서
> 오늘도 외로운 祖國은
> 방황하고 있는가.
>
> 北쪽 하늘 매운 바람
> 감겨드는 이 아픔에
> 노여워 입술 물고
> 銃口를 매만지면
> 숨 가쁜 가슴에 지는
> 푸른 꽃잎 하나⋯⋯ 둘⋯⋯
>
> 간밤에 내린 눈이
> 鐵帽 위에 쌓였구나
> 塔처럼 우뚝 서서
> 별을 헤는 까만 눈에
> 새벽 빛 맑은 神明이
> 눈부시게 퍼온다.
>
> ―「高地」 전문

오랜 '침묵'과 '고난'과 '외로움'으로 서 있는 산맥의 '高地'

가 조국을 상징하는 표상으로 제시되고 있다. 마치 백수(白水)의 대표작 가운데 하나인 「祖國」의 "청산아 왜 말이 없이 학처럼만 여위느냐"라는 구절을 연상케 하는 커다란 스케일의 이 시편은, "北쪽 하늘 매운 바람"에서 생겨난 역사의 통증과 노여움 그리고 숨 가쁨을 시적으로 재현해낸다. 그 안에서 총부리를 마주 대고 있는 동족의 비극적 살풍경을 차분하게 제시하고 있다. 결국 시의 화자는 가슴에 지는 푸른 꽃잎들의 하염없는 낙화 속에서, 철모 위에 간밤에 내린 눈을 털면서 "새벽 빛 맑은 神明"이 눈부시게 다가옴을 느끼게 되는데, 이처럼 침묵의 어둠에서 "맑은 神明"으로 이월되는 그 순간에 '高地'의 아침이 밝아오는 것이다.

나는 불이었다. 그리움이었다.
구름에 싸여 어둠을 떠돌다가
바람을 만나 예까지 와
한 조각 돌이 되었다.

천둥 비 바람에 깨지고 부서지면서도
아얏, 소리 한 번 지르지 못하는 것은
아직도 견뎌야 할 목숨이
남아 있음에서라.

사람들이 와 '절망을 말하면 절망'이 되고
'소망을 말하면 또 소망'이 되지만
억 년을 엎드려도 들을 수 없는

> 하늘 소리
> 땅 소리
>
> ―「돌」 전문

　그리움 가득한 '불'이었다가 어느새 '구름'과 '바람'을 지나 "한 조각 돌"이 될 때까지의 과정은, 그야말로 한 존재의 오랜 고통과 성숙이 반복되고 교차되는 시간을 품고 있을 것이다. 그렇게 "천둥 비 바람"에 놀라고 깨지면서 시인은 스스로 "아직도 견뎌야 할 목숨이/남아 있음"을 깨달아간다. 결국 그는 "절망"과 "소망"의 무수한 혼재와 교차 속에서 "억년을 엎드려도 깨칠 수 없는/하늘 소리/땅 소리"를 일용할 양식으로 삼아 가장 견고하고 성숙한 '돌'이 된 것이다.

　이처럼 김제현 초기 시편은, 참신한 비유를 통해 민족 현실을 탐색하였고, 가장 미세한 생명의 움직임을 포착함으로써 인간 존재에 대한 구경적 천착을 다양한 감각으로 표상하였다. 이를 두고 박목월 선생은 김제현 첫 시집을 상재하는 자리에서 "보다 예리한 현대적인 의식으로써 생활에 밀착된 면에서 시조의 새로운 영역의 개척에 노력"(「序文」, 『凍土』) 하였다고 평하였을 것이다. 이처럼 민족 현실 탐구와 인간 존재의 구경적 탐색에 대한 진정성으로 시작한 그의 시적 출발점이, 김제현 시조로 하여금 거장의 그것으로 자라가게끔 한 직접적인 토양이 되었을 것이다.

3. 원초적 통일성을 회복하려는 본래적 지향

김제현 시인이 오랜 침묵을 벼린 후에 출간한 제2시집 『山番地』(1979)에는, 신산한 젊은 날을 겪어온 시인의 고통스런 자기 고백과 그것을 원숙한 시선으로 초극하고 질서화하려는 시적 의지가 가득 배어 있다. 한 영혼의 성장사와 그것을 향한 한없는 자긍과 회한이 거기 농울치고 있다. 그래서 시인은 오랜 자신의 '보행(步行)'을 성찰하면서, 불혹을 맞는 특별한 감회를 스스럼없이 내보이고 있다.

　　山속에서 어둠이 내려와

　　꽃밭의 빛갈을 서서히 거두고 있다.

　　(아, 묵묵한 반환)

　　아내는 나무마다 발등에 물을 붓는다.

　　어느새 꽃들은 저 거뭇한 하늘
　　깊이를 휘저어 가고,

　　아내는 뜰에 찬 바람을 한아름 안고
　　긴 瞑目에 잠긴다.
　　　　　　　　　　　　―「해질녘」 전문

모든 감각이 조용히 가라앉았을 때는, 존재의 본성에 대한 구경적 탐색을 수행하는 시인의 사유와 정서가 다시 한 번 빛을 발하는 순간을 허락한다. 특별히 해질 무렵은 대상의 시각적 판단이 물러서고 청각적 충실성이 힘을 얻는 시각이기 때문에 더욱 그러하다. 이때 모든 사물은 현란했던 외현(外現)의 시간을 거두고, 스스로의 안으로 침잠함으로써 존재의 본성을 순간적으로 회복한다. 이 해질녘에 시인은 "山속에서 어둠이 내려와//꽃밭의 빛갈을 서서히 거두고" 있는 존재의 풍경을 바라보면서, 그 점진적 과정을 "묵묵한 반환"이라 명명한다. 그때 비로소 "나무마다 발등에 물을" 부으면서 어느새 검어진 하늘을 바라보고 "뜰에 찬 바람을 한아름 안고/긴 瞑目에" 잠기는 아내의 형상이 부각되는데, 이때 아내가 행하는 '瞑目'이란 눈을 감은 채 어떤 생각에 잠겨 있는 상태를 뜻한다. 그 해질녘 풍경이 바로 김제현 시학의 중요한 성숙의 지점을 알려주고 있는 것이다. 시인은 자신의 시론에서 "민족적 체험과 역사적 비극성을 배경으로 출발"(「생의 기도와 의지」)한 자신이 시세계를 고백한 바 있다. 그러한 출발이 신산한 삶 속에서 굴절되고 변형되어 삶의 심원한 묵상과 인간 존재에 대한 깊은 탐색의 지경에 이르게 된 것이라고 할 수 있을 것이다.

춥고 가난스런
바람손을 놓고

한 잎 한 잎
어제의
꽃잎이 떨어진다.

진실한 빛갈로 타던
그 하늘은
지금 침묵.

한 모금 물
찾던 눈 감기고
너무나 조용한 지상(地上).

무수히 내려 쌓이는
멀어져 간 전설은

고독이 띄우는
아픈
웃음의 음성이었다

―「지는 꽃」 전문

소멸해가는 존재자의 모습으로 등장한 '지는 꽃'은, 춥고 가난하지만 "진실한 빛갈로 타던/그 하늘"을 뒤로 하고서 오랜 침묵에 들어간 자연 사물을 함축한다. 시인은 그 모습에서 "너무나 조용한 지상(地上)"의 질서와 함께, "무수히 내려 쌓이는/멀어져 간 전설"을 간취한다. 그것은 말하자면 "고독이 띄우는/아픈/웃음의 음성"이었는데, 시인은 그 안에서 신산한 삶 속에서 굴절되고 변형되어 이르는 삶의 심원한 이법을 발견하고 노래하는 것이다. 그렇게 지속적이고도 안정된 시세계를 이어온 김제현 시인은 제3시집 『無上의 별빛』(1990)에 이르러 이른바 '불교 사상'을 받아들이면서 더 한 차원 높은 사유의 지경을 풀어놓게 된다. 그야말로 "생명과 존재에 대한 물음을 계속해왔고, 전통 정신과 현대 감각의 견고하고도 풍요로운 조화를 통한 시조의 현대화에 노력을 기울여"(「自序」)온 자신의 지극한 성과들이 즐비해 있는 것이다. 그 점에서 『無上의 별빛』은 김제현 시학의 정점을 눈부시게 보여준 값진 성과라고 할 수 있을 것이다.

>댕그렁 바람 따라
>풍경이 웁니다.
>
>그것은, 우리가 들을 수 있는 소리일 뿐,
>
>아무도 그 마음 속 깊은
>적막을 알지 못합니다.
>
>卍燈이 꺼진 산에
>풍경이 웁니다.
>
>비어서 오히려 넘치는 無上의 별빛.
>
>아, 쇠도 혼자서 우는

아픔이 있나 봅니다.

　　　　　　　　　　　　　　　　　―「風磬」전문

　산사에 울려 퍼지는 '風磬' 소리는, 일차적으로는 우리의 감각이 포착 가능한 물질적 음향일 것이다. 하지만 그것은 "아무도 그 마음 속 깊은/적막을 알지 못"하는 신비로운 소리를 그 안에 풍부하게 안고 있다. 시의 화자는 그 신비로운 소리들을 온몸으로 감각하면서 "卍燈이 꺼진 산"에서의 풍경 소리를 섬세하게 담아낸다. 그런데 더욱 중요한 것은 화자가 거기서 "비어서 오히려 넘치는 無上의 별빛"을 환기한다는 점이다. "쇠도 혼자서 우는/아픔"이 있다는 사실에 깊이 상도(想到)하면서 화자는, 신비로운 '風磬' 소리를 존재 깊숙한 곳에서 울려나오는 존재의 내밀한 '풍경(風景)'으로 치환하고 있는 것이다. 이처럼 마음 속 깊은 곳에 존재하는 '적막'과 비어 오히려 넘치는 '별빛'을 상상하는 화자의 사유 방식은 일종의 불교적 상상력에서 발원하는 것이라 할 수 있다. 그 결과 화자는 '무상(無上)'의 별빛을 '무상(無常/無想)'의 상태로까지 끌어올리고 있는 것이다.

　　뿔 여린 사슴의 무리
　　신화같이 살아온 산

　　서그럭 흔들리는
　　몸을 다시 가눈 곳에

이 고장 마음색 띠고 도라지꽃 피는가.

신음과 기도 위로
선지피 뚝뚝 듣던 산

이대로 이울고 말
목숨인가 말이 없이

먼 하늘 머리에 이고
도라지꽃 피었다.

―「도라지꽃」 전문

    이러한 상상력은 "신화같이 살아온 산"으로 시인의 시선을 이끌어낸다. "흔들리는/몸을 다시 가눈" 지점에 서서 시인은 "신음과 기도 위로" 피를 흘리는 꽃을 발견한다. 비록 "이울고 말/목숨"일지라도 침묵과 위의(威儀)로 피어난 '도라지꽃'을 소중하게 관찰하고 묘사한 것이다. 여기서 피고 지는 생성과 소멸의 운동은 시인이 발견하고 보듬어온 자연 이법의 핵심이자, 시인의 불교적 사유에 확연한 거점을 마련해주는 움직임으로 각인된다. 그 표상 가운데 또 하나의 대표적 형상이 바로 '바람'이다.

바람은 처음부터
세상에 뜻이 없어

이날토록 빈 하늘만
떠돌아 다니지만

눈 속의 매화 한 송이
바람 먹고 벙근다.

매이지 말라 매이지 말라
무시로 깨워주던

포장집 소주맛 같은
아, 한국의 겨울 바람.

조금은 안됐다는 듯
꽃잎 하나 떨구고 간다.

─「바람」 전문

 이 시편에서 떠돌고 있는 '바람'이라는 소재는, 그 물질적 유목성으로 인해 우리들 생의 형식을 은유하는 매재로 널리 원용되어왔다. 그래서 '바람'은 불가피하게 우의적 옷을 많이 입게 된다. 이 시편에서도 화자는 '바람'에 인격을 부여하여, '바람'이 세상에 뜻을 두지 않고 "빈 하늘"만 떠돌면서 "눈 속의 매화 한 송이"를 피워냈다고 상상하고 있다. 그 '바람'은 살아가는 동안 화자에게 "매이지 말라 매이지 말라"고 무시로 일깨워주었다. 그 "포장집 소주맛 같은" '바람'의 위의 앞에서 화자는 "조금은 안됐다는 듯/꽃잎 하나 떨구고" 가는 것을 바라보고 있는 것이다. 결국 이 시편은 '꽃잎'의 조락(凋落)과 '바람'의 유목성이 결합하면서 삶의 어떤 존재론적 비의(秘義)를 충실하게 보여주는 작품이 아닐 수 없다.

정형이라는 현저한 외적 제약에도 불구하고, 김제현 시조 미학은 이처럼 일종의 '원초적 통일성'을 회복하려는 본래적 지향을 잘 구현하고 있다. 사물의 순간적 이미지에서 포착해내는 시인의 상상력과 묘사력이 그러한 세계를 가능케 한 것은 말할 것도 없을 것이다. 이처럼 정점에 오른 그의 시세계에는 "생명에 대한 섬세한 응시"(김재홍)와 함께 인간 존재에 대한 근원적 시선이 나타나고 있는 것이다.

4. 인간 존재에 대한 구경적 탐색의 심층

이러한 시세계를 딛고서 펼쳐지는 김제현 후기 시편들은, 시인 자신이 살아왔던 생의 상처를 수습하고, 불교적 상상력을 통해 존재와 부재의 변증법을 탁월하게 수행해간다. 그럼으로써 시인은 인간 존재에 대한 구경적 탐색의 심층을 더욱 깊고 풍부하게 구현해가게 된다. 다음 시편이 그러한 깊이를 잘 말해준다.

보내지 않아도
갈 사람은 다 가고

기다리지 않아도
올 사람은 오느니

때없이 서성거리던 일
부질없음을 알겠네

산은 귀를 닫고
말문 또한 닫은 강가

느끼매 바람소리,
갈대 서걱이는 소리뿐

한종일 마음 한 벌 벗고자
귀를 닫고 서 있네

― 「산, 귀를 닫다」 전문

    초기 시편에서 생명 현상을 가능케 하는 공간이었던 '산'은, 이제 스스로 생명을 얻어 생각하고 행동하는 주체로 다가선다. 시의 화자는 "보내지 않아도/갈 사람은 다 가고//기다리지 않아도/올 사람은" 온다는 그만의 독자적인 인간 관계론을 펼친다. 그러니 자연스럽게 "때없이 서성거리던 일"들의 부질없음이 새삼 다가드는 것이 아닌가. 그런데 '산'은 스스로의 귀를 닫고 말문마저 닫은 채 강가에 서 있을 뿐이다. 이때 '산'이 바로 그러한 인간 관계론에 도달한 화자의 또 다른 형상임은 물론이다. 그는 다만 바람 소리만을 온몸으로 맞으면서 "한종일 마음 한 벌 벗고자/귀를 닫고 서" 있는 것이다. 여기서 "마음 한 벌"을 벗는다는 탈각(脫殼)의 정신은, 몸에 가득한 세월의 무게를 떨어내려고 가벼워지려는 사유의 한 방식이 아닐 수 없다. 비워냄으로써 가득 차려는 정신, 곧 존재와 부재의 변증법을 탁월하게 보여주는 실례라 할 것이다. 이처럼 김제현의 근작(近作)들 또한 인간 존재의 표층과 심층을 깊이 탐색하면서, 그 안에 선명하게 실재하는 존재론적 본성에 대해 구경적 탐색을 지속하고 있다. 그 점에서 그는 아직도 젊은 진행형의 시인이다.

  그동안 우리 교양 체험에 깊이 뿌리내리고 있는 고시조들은 자연을 이상적 형식으로 추구하였고 성리학적 이념에 충실한 주제들을 형상화해온 경우들이 특히 많았다. 그래서 우리가 고시조를 읽을 때 그러한 주제에 동화와 투사의 경험을 흔연히 치러온 것도 매우 자연스러운 일이었다고 할 수 있다. 말하자면 고시조의 화자와 청자는 입장을 달리해 미적 균열을 일으키는 경우가 거의 없었다고 해도 과언이 아닌 것이다. 그러나 우리 사회는 합리적인 인과론, 이성에 의한 예측 가능성, 계기적인 선형적 사유들이 많이 그 힘을 잃고 그 대신에 불확정성의 원리, 불온한 상상력, 입체적이고 다양한 아이러니적 사유 등이 세계의 실재에 더 가깝게 접근하는 방법이라고 보는 시각이 우세해졌다. 모든 시 창작의 근원적 동기가 자기 확인의 나르시시즘에 있다고 할지라도, 시인이 바라보고 있는 그 거울조차 반질반질하고 투명한 것이 아니라, 흐리고 어둑하며 심지어는 깨어진 거울일 경우가 많은 것이다. 그 깨어진 거울을 통해 바라보는 자신의 얼굴은, 나르시스처럼 매혹에 가득찬 모습이 아니라, 자기 연민 내지는 자기 부정의 갈등을 가져다주는 복합성의 얼굴이다. 그래서 시인들은 매혹과 몰입보다는 일정한 거리를 두면서 환경적 모순과 맞서고 있는 자신에 대해 사유하고 표현하려 한다.

이러한 모순과 갈등의 이중적 의미를 표현하는 미학적 양식이 아이러니라고 할 때, 우리 시대에는 전통적이고 안정적인 정서보다는 주체와 사물 사이의 날카로운 균열과 불화를 암시하는 아이러니가 다소 유력한 방법이자 양식이 되고 있다고 할 수 있다. 그렇다면 이 같은 현대 사회의 복합적 특성과 시조의 안정적이고 화해로운 양식적 특성은 어떻게 결합될 수 있을까. 우리는 현대시조의 새로운 미학적 활로는, 전통 형식과 현대적 감각을 결합하여 새로운 시대적 요청에 다가서는 데 달려 있다고 말할 수 있을 것이다. 다시 말하면 이는 전통 형식과 현대적 감각 사이의 활발한 교섭과 통합을 통해서 이루어질 것이다. 독자적인 시조 미학을 통한 존재론적 근원의 탐구를 보여준 김제현 시조는, 이러한 시학적 과제에 대한 적절하고도 훌륭한 범례가 되고도 남을 것이다. 왜냐하면 그는 우리 현대시조의 역사에서 인간 존재에 대한 구경적 탐색의 심층을 가장 부지런히 수행해온 장인이니까 말이다. 그리고 그 세계가 바로 현대시조가 발원하고 궁극적으로 돌아가야 할 음역(音域)이니까 말이다.

(『한국시조시학』 4호, 2014, 재수록)

| 약력 |

김제현(金濟鉉) 아호 초당(初堂), 우천(佑泉)
1939년 전남 장흥군 회진면 회진리 228번지에서 태어남
1944년 여수로 이사하여 성장기를 보냄

[학력 및 경력]
1958년 여수고등학교 졸업
1963년 경기초급대학 국문과 졸업
1965년 경희대학교 문리대 국어국문학과 졸업 및 동대학원 수료
         (1990년 문학박사)
1979년 장안전문대학 교수
2004년 경기대학교 국어국문학과 교수 겸 교육대학원장 정년퇴임

[등단 및 활동]
1960년 조선일보 신춘문예 시조부 입선(노산 選)
1961년 시조전문지 ≪시조문학≫ 천료(월하 추천)
1963년 ≪현대문학≫ 천료(박목월 추천)
1964년 한국시조작가협회 창립회원 초대 감사
1973년 한국문인협회 이사
1985년 겨레시짓기운동본부 창립회장(한국시조시학회로 개칭)
1986년 한국문인협회 시조분과 회장

1992년 시조전문지 ≪시조시학≫ 창간(발행인)

2000년 21시조포럼 창립의장

2006년 '시조의 날' 제정위원회 대회장(한시적)

2012년 가람기념사업회 초대회장

현재 한국문인협회, ≪시조시학≫ 고문

[시집 및 저서]

1966년 『동토(凍土)』

1979년 『산번지』

1990년 『무상의 별빛』

2000년 『도라지꽃』(선집)

2003년 『김제현 시조전집』

2004년 『백제의 돌』

2010년 『우물 안 개구리』, 『Prayer』(영역시집)

2013년 『풍경(風磬)』(선집)

2016년 『사투리』

2021년 『시간』

1986년 『사설시조전집』(편저)

1988년 『시조가사론』(고경식 공저)

1992년 『사설시조문학론』(문광부 우수학술도서 선정), 『이병기』
1997년 『사설시조사전』(편저), 『현대시조작가론 I 』(이지엽 공저)
1999년 『현대시조작법』

[심사 및 수상]

1979년 경향신문 신춘문예 심사를 필두로 2023년 가람시조문학상 심사에 이르기까지 각종 신인상과 문학상 심사에 임해왔다.

1957년 전국학생미술전람회 고교서예부 특상
1981년 정운시조문학상
1986년 가람시조문학상
1990년 중앙시조대상
1997년 이태극시조문학상(학술), 조연현문학상(평론)
2008년 한국시조대상
2009년 유심문학상(시조부문)
2010년 고산문학상(시조부문)
2022년 시인들이 뽑는 시인상
2023년 외솔시조문학상 등 수상

| 연구서지 |

김재홍, 「아름다운 그릇 속의 자유지향성」, 『무상의 별빛』 해설, 민족과문학, 1990.

이지엽, 「순수와 화해와 자존(自存)의 내면 풍경—'절제의 지순한 길'」, ≪열린시조≫ 5호, 태학사, 1997.

김동근, 「사이의 시학, 그 변용과 실존의 텍스트」, ≪열린시조≫ 12호, 태학사, 1999.

박기수, 「생의 외경(畏敬), 겸허한 삶의 의미」, ≪문학과창작≫, 1999.

강상희, 「떠남과 머무름의 순환, 그 균형과 절제의 미학」, 『도라지꽃』 해설, 태학사, 2001.

이홍섭, 「우리 시의 정체성에 대해 질문해야 할 때—인터뷰」, ≪유심≫, 2001.

김동근, 「김제현론」, 『한국현대시조작가론』, 태학사, 2002.

박기수, 「김제현의 시조세계」, ≪열린시조≫, 만해사상실천선양회, 2020.

황은자, 「김제현 시조문학 연구」, 한국교원대학교 대학원 석사논문, 2003.

고명철, 「자유로움의 참가치와 관계성의 미학」, 『백제의 돌』 해설, 고요아침, 2004.

이지엽, 「무위에서 건져 올린 선적 고결함과 격조」, 『한국현대시조 작가론』, 태학사, 2007.
박찬일, 「휴머니즘, 무한 긍정의 시편들」, ≪시조월드≫, 2008.
유성호, 「인간 존재에 대한 구경적 탐색」, ≪시조월드≫, 2008.
이정환, 「흰 구름에 걸린 깊고 아득한 그물의 시학」, ≪시조월드≫, 2008.
박철희, 「전통과 개인의 결합—김제현의 시조세계」, ≪유심≫, 2008.
나민애, 「시인 지지 선언서」, ≪문학과사상≫, 2013.
유성호, 「시조미학을 통한 존재론적 근원의 탐구」, 『한국시조시학』 4호, 2014.
유순덕, 「현대시조에 나타난 형식미학과 생명성 연구—이병기, 조운, 김제현, 조오현을 중심으로」, 경기대학교 대학원 국문학과 박사논문, 2014.
이송희, 「현대시조의 '현대적 혁신'—김제현론」, 『한국시조시학』 4호, 2014.
이정환, 「실존의식과 존재론적 사유의 세계」, 『한국시조시학』 4호, 2014.
홍성란, 「충담·법담, 선지식의 노래」, 『유심작품상 수상문집』 제15회, 2017.

황치복, 「여여(如如), 혹은 순명(順命)의 시학」, 『현대시조의 폭과 깊이』, 고요아침, 2020.
박해림, 「시간 속에 어우러진 현재의 시간」, ≪문학과창작≫, 2021, 겨울.

허공에 한 발 지상에 한 발

초판 1쇄 발행일 · 2024년 01월 20일

지은이 | 김제현
펴낸이 | 노정자
펴낸곳 | 도서출판 고요아침
편　집 | 정숙희 김남규

출판 등록 2002년 8월 1일 제 1-3094호
03678 서울시 서대문구 증가로 29길 12-27, 102호
전화 | 302-3194~5
팩스 | 302-3198
E-mail | goyoachim@hanmail.net
홈페이지 | www.goyoachim.com

ISBN 979-11-6724-155-9(03810)

*책 가격은 뒤표지에 표시되어 있습니다.
*지은이와 협의에 의해 인지는 생략합니다.
*잘못된 책은 교환해 드립니다.

ⓒ 김제현, 2023